मुहावरों का संसार

घुमाव बार-बार

सुरभी अरविन्द

"एक व्यक्ति यदि शिक्षित होकर उसका सदुपयोग न कर सके तो यह समाज व उस व्यक्ति की विफलता है| "

अरविंदकुरील

क्रम-सूची

प्रस्तावना

हमेशा ही मेरी इच्छा रही है कि मैं अपने विचारों को लोगों तक पहुँचाऊँ |
लेखन से बहतर और कोई दूसरा विकल्प नहीं हो सकता |
आशा है मेरे इस कार्य को आप सभी पसंद करेंगे |

सुरभी अरविन्द

भूमिका

यह पुस्तक आपकी ज्ञान वृद्धि के साथ साथ आपके विचारों को संगठित कर उसे निखारने के लिए स्थान भी देती है | जहाँ आप अपने नए वाक्यों को नए विचारों को लिख भी सकें | तो चलिए शुरू हो जाइए |

सुरभी

पावती (स्वीकृति)

इस पूरे ब्रह्माण्ड में यदि कोई बुद्धिमान प्राणी है तो वो है मानव | अपने क्रांतिकारी विचारों और कार्यों से मनुष्य ने अब तक का सफ़र तय किया है | आज की आधुनिक प्रणालियाँ इसका प्रमाण हैं |

मैं गूगल के साथ- साथ उन सभी वेबसाइट का धन्यवाद करती हूँ जिनसे मुझे प्रेरणा मिली |

विशेषतः motivationalstoriesinhindi का !

पिताजी और माताजी के प्रेरक शब्दों के कारण ही आज आप इस पुस्तक को पढने जा रहे हैं |

हृदय से आभार !

J@GS

आमुख

अपनी शब्दों में यदि प्रभाव उत्पन्न करना है तो उपयोग कीजिये मुहावरों का और लोकोक्तियों का !
जब भी आप हिन्दी के प्रारूप लेखन में देखते हैं तो आपको आभास हो जाता है कि आपके लेखन में कुछ अच्छा या बहुत कुछ होने वाला है।
यहाँ कुछ नए और पुराने हिंदी लेखन के मुहावरों का स्पर्श के साथ साझा कर रहीं हूँ |
आशा है सभी को पसंद आयेंगे |
सुरभी

1

मुहावरे का अर्थ

"मुहावरा" अरबी भाषा का शब्द है जिसका अर्थ होता है "आदि होना" या "अभ्यास होना" कुछ विद्वान इसे वाग्धारा भी कहते है। मुहावरा शब्द सामान्य अर्थ से अलग विशेष अर्थ को प्रकट करता है। हम अपने दैनिक जीवन में कहीं बार अपने मन के भाव या विचारों को मुहावरों के शब्दों का प्रयोग करके प्रकट करते हैं।

मुहावरा छोटा होता है जबकि लोकोक्ति बड़ी और भावपूर्ण होती है। वाक्य प्रयोग: यह बच्चा मेरी आँखों का तारा है। वाक्य प्रयोग – उसकी क्या बात कर रहे हो, वह तो मेरे खून का प्यासा हो गया है। वाक्य प्रयोग: आतंकवादियों को देखकर मेरा तो खून ठण्डा पड़ गया।

मुहावरों की अपनी विशेषता होती हैं। जिसको ध्यान में रखकर ही इनको सही रूप से प्रयुक्त किया जा सकता है–

1- मुहावरे अपने आप में पूर्ण वाक्य नहीं होते हैं।
2- मुहावरों का प्रयोग प्रसंग के अनुसार किया जाता है।
3- मुहावरों के शब्द को बदला नहीं जा सकता।
4- मुहावरों का सामान्य अर्थ नहीं विशिष्ट अर्थ लिया जाता है।

5- मुहावरे प्रसंग के अनुसार अर्थ देते हैं।
6- मुहावरे देश, समाज और समय के अनुसार बनते हैं।
7- ज्यादातर मुहावरों का संबंध हमारे शरीर के किसी अंग से होता है।

2

मुहावरों का महत्व

किसी भाषा के मुहावरे सबसे पहले बोलचाल की भाषा में प्रयुक्त होते हैं। बाद में लोकप्रियता और पुष्टता प्राप्त करते हुए बोली से विभाषा और विभाषा से भाषा या राष्ट्रभाषा के क्षेत्र में पहुँच जाते हैं। बार-बार के प्रयोग से उनमें किसी प्रकार की जीर्णता नहीं आती है। वे सदैव चालू सिक्कों के समान किसी भाषा की अक्षय निधि बन जाते हैं।

भाषा में मुहावरों के महत्व और उनकी उपयोगिता को नकारा नहीं जा सकता। सूत्र रूप में उनके महत्व इस प्रकार हैं -

1.

   मुहावरों के प्रयोग से भाषा संक्षिप्त, सरल, स्पष्ट, सुन्दर एवं ओजपूर्ण हो जाती है।

2.

   किसी बात को व्यक्त करने के लिए अधिक शब्दों की आवश्यकता नहीं होती।

3.

   भाषण में आकर्षण और रोचकता बढ़ जाती है।

4.

साधारण प्रयोग की अपेक्षा कहीं शीघ्र और अधिक प्रभाव पड़ता है।

5.

भाषा-मूलक पुरातत्व ज्ञान प्राप्त करने में बड़ी सहायता मिलती है।

6.

प्राचीन, ऋषि-मुनि, संत-महात्मा और देशभक्त-शहीदों की स्मृतियाँ सुरक्षित रहती हैं।

7.

विशेषतया किसी समाज के, किन्तु साधारणतया पूरे राष्ट्र के सांस्कृतिक परिवर्तनों का थोड़ा-बहुत परिचय मिलता रहता है।

8.

प्राचीन सभ्यता, संस्कृति और मत-मतांतरों के भिन्न-भिन्न रूपों का ज्ञान आसानी से हो जाता है।

3

मुहावरों और लोकोक्तियों में अंतर

मुहावरों और लोकोक्तियों का प्रयोग भाषा को रोचक एंव प्रभावशाली बनाने के लिए किया जाता है। कई बार लोग इन दोनों को एक ही मान बैठते हैं, लेकिन इन दोनों में अंतर है।

1.

मुहावरा वाक्यांश होता है, जबकि लोकोक्ति पूर्ण वाक्य होती है।

2.

मुहावरा किसी वाक्य पर आश्रित होता है, जबकि लोकोक्ति स्वतंत्र होती है।

3.

मुहावरे का प्रयोग कथ्य को चमत्कृत बनाने के लिए किया जाता है, जबकि लोकोक्ति का प्रयोग सत्य को सत्यापित तथा नीतिपरक तथ्य को उद्घाटित करने के लिए किया जाता है।

4.

मुहावरे वाक्यों में प्रयोग करते समय लिंग, वचन, पुरूष के अनुसार परिवर्तित हो जाते हैं, जबकि लोकोक्तियों का रूप परिवर्तन नहीं

होता है।

4

मुहावरे - उदाहरण

1. अंग-अंग मुस्कराना(*बहुत खुश होना*)

- परीक्षा में सर्वप्रथम आने पर उसका अंग-अंग मुस्करा रहा था।

1. अँगूठा दिखाना(*साफ इनकार करना*)

- हमें पूरा विश्वास था कि सेठ जी भूकंप पीड़ितों के लिए अधिक धन देंगे, लेकिन उन्होंने तो सहायता के नाम पर अँगूठा दिखा दिया।

3. आग-बबूला होना(*अत्यधिक क्रोध करना*)

- नौकरानी से टी-सेट टूट जाने पर मालकिन एकदम आग-बबूला हो गई।

4. अंधे की लकड़ी(*एकमात्र सहारा*)

- कुणाल के माता-पिता की दुर्घटना में मृत्यु हो जाने के बाद वह अपने दादा-दादी के लिए अंधे की लकड़ी के समान है।

5. अंग-अंग ढीला होना(*बहुत थक जाना*)

- पढ़ते-पढ़ते मेरा अंग-अंग ढीला हो गया है।

5

मुहावरे - अभ्यास - 1

ओखली में सिर देना– इच्छापूर्वक किसी झंझट में पड़ना, कष्ट सहने पर उतारू होना
इस मुहावरे का उपयोग करते हुए अपने वाक्य बनाकर लिखिए :

____

____

____

ओस के मोती –क्षणभंगुर
इस मुहावरे का उपयोग करते हुए अपने वाक्य बनाकर लिखिए :

____

____

____

कलई खुलना-भेद प्रकट होना
इस मुहावरे का उपयोग करते हुए अपने वाक्य बनाकर लिखिए :

____

____

____

कलम तोड़ना- खूब लिखना, अनूठी उक्ति लिखना, अनुपम रचना करना
इस मुहावरे का उपयोग करते हुए अपने वाक्य बनाकर लिखिए :

____

____

____

कलेजा फटना-दिल पर बेहद चोट पहुँचना
इस मुहावरे का उपयोग करते हुए अपने वाक्य बनाकर लिखिए :

करवटें बदलना- बैचैन रहना
इस मुहावरे का उपयोग करते हुए अपने वाक्य बनाकर लिखिए :

कांटा बिछाना -अड़चन डालना
इस मुहावरे का उपयोग करते हुए अपने वाक्य बनाकर लिखिए :

काला अक्षर भैंस बराबर – अनपढ़, निरा मूर्ख
इस मुहावरे का उपयोग करते हुए अपने वाक्य बनाकर लिखिए :

काँटे बोना-बुराई करना
इस मुहावरे का उपयोग करते हुए अपने वाक्य बनाकर लिखिए :

6

मुहावरे - अभ्यास - 2

कमर बाँधना/कसना- दृढ़ संकल्प करना

इस मुहावरे का उपयोग करते हुए अपने वाक्य बनाकर लिखिए :

काठ मार जाना –स्तब्ध हो जाना

इस मुहावरे का उपयोग करते हुए अपने वाक्य बनाकर लिखिए :

काम तमाम करना -मार डालना, खत्म करना

इस मुहावरे का उपयोग करते हुए अपने वाक्य बनाकर लिखिए :

किनारा करना– अलग होना

इस मुहावरे का उपयोग करते हुए अपने वाक्य बनाकर लिखिए :

कौड़ी के मोल बिकना-बहुत सस्ता बिकना

इस मुहावरे का उपयोग करते हुए अपने वाक्य बनाकर लिखिए :

कागजी घोड़े दौड़ाना-व्यर्थ की लिखा-पढ़ी करना

इस मुहावरे का उपयोग करते हुए अपने वाक्य बनाकर लिखिए :

किरकिरा होना- आनन्द बिगड़ जाना

इस मुहावरे का उपयोग करते हुए अपने वाक्य बनाकर लिखिए :

कुत्ते की मौत मरना- बुरी तरह मरना

इस मुहावरे का उपयोग करते हुए अपने वाक्य बनाकर लिखिए :

कोदो देकर पढ़ना-अधूरी शिक्षा पाना

इस मुहावरे का उपयोग करते हुए अपने वाक्य बनाकर लिखिए :

कपास ओटना –सांसारिक काम-धन्धों में लगे रहना

इस मुहावरे का उपयोग करते हुए अपने वाक्य बनाकर लिखिए :

7

मुहावरे - अभ्यास - 3

कीचड़ उछालना –निन्दा करना

इस मुहावरे का उपयोग करते हुए अपने वाक्य बनाकर लिखिए :

कोल्हू का बैल-खूब परिश्रमी

इस मुहावरे का उपयोग करते हुए अपने वाक्य बनाकर लिखिए :

किताब का कीड़ा होना-बराबर पढ़ते रहना

इस मुहावरे का उपयोग करते हुए अपने वाक्य बनाकर लिखिए :

कागज काला करना – बिना मतलब लिखना

इस मुहावरे का उपयोग करते हुए अपने वाक्य बनाकर लिखिए :

कौड़ी का तीन समझना – तुच्छ समझना
इस मुहावरे का उपयोग करते हुए अपने वाक्य बनाकर लिखिए :

कौड़ी काम का न होना –किसी काम का न होना
इस मुहावरे का उपयोग करते हुए अपने वाक्य बनाकर लिखिए :

कौड़ी कौड़ी जोड़ना-छोटी-मोटी सभी आय को कंजूसी के साथ बचाकर रखना
इस मुहावरे का उपयोग करते हुए अपने वाक्य बनाकर लिखिए :

कचूमर निकालना- खूब पीटना
इस मुहावरे का उपयोग करते हुए अपने वाक्य बनाकर लिखिए :

कटे पर नमक छिड़कना- विपत्ति के समय और दुःख देना
इस मुहावरे का उपयोग करते हुए अपने वाक्य बनाकर लिखिए :

कन्नी काटना- आँख बचाकर भाग जाना
इस मुहावरे का उपयोग करते हुए अपने वाक्य बनाकर लिखिए :

8

मुहावरे - अभ्यास - 4

कोहराम मचाना –दुःखपूर्ण चीख-पुकार
    इस मुहावरे का उपयोग करते हुए अपने वाक्य बनाकर लिखिए :
    ____
    ____
    ____

किस खेत की मूली-अधिकारहीन, शक्तिहीन
    इस मुहावरे का उपयोग करते हुए अपने वाक्य बनाकर लिखिए :
    ____
    ____
    ____

खम खाना–दबना, नष्ट होना
    इस मुहावरे का उपयोग करते हुए अपने वाक्य बनाकर लिखिए :
    ____
    ____
    ____

खटिया सेना-बीमार होना
    इस मुहावरे का उपयोग करते हुए अपने वाक्य बनाकर लिखिए :
    ____
    ____
    ____

खरी खोटी सुनाना- भला-बुरा कहना

इस मुहावरे का उपयोग करते हुए अपने वाक्य बनाकर लिखिए :

खाक में मिलना – बर्बाद होना

इस मुहावरे का उपयोग करते हुए अपने वाक्य बनाकर लिखिए :

खार खाना-डाह करना

इस मुहावरे का उपयोग करते हुए अपने वाक्य बनाकर लिखिए :

खेत आना- युद्ध में मारा जाना

इस मुहावरे का उपयोग करते हुए अपने वाक्य बनाकर लिखिए :

खटाई में पड़ना-झमेले में पड़ा रहना

इस मुहावरे का उपयोग करते हुए अपने वाक्य बनाकर लिखिए :

खा पका जाना-बर्बाद करना

इस मुहावरे का उपयोग करते हुए अपने वाक्य बनाकर लिखिए :

9

मुहावरे - अभ्यास - 5

खेलखेलाना– परेशान करना

    इस मुहावरे का उपयोग करते हुए अपने वाक्य बनाकर लिखिए :

खाकछानना– भटकना, बहुत ढूँढना

    इस मुहावरे का उपयोग करते हुए अपने वाक्य बनाकर लिखिए :

खुशामदीटट्टू – मुँहदेखी करना

    इस मुहावरे का उपयोग करते हुए अपने वाक्य बनाकर लिखिए :

खूंटेके बल कूदना – किसी के भरोसे पर जोर या जोश दिखाना

    इस मुहावरे का उपयोग करते हुए अपने वाक्य बनाकर लिखिए :

खून का प्यासा –जान मारने पर उतारू
इस मुहावरे का उपयोग करते हुए अपने वाक्य बनाकर लिखिए :

ख्यालीपुलाव– सिर्फ कल्पना करना
इस मुहावरे का उपयोग करते हुए अपने वाक्य बनाकर लिखिए :

गंगालाभहोना – मर जाना
इस मुहावरे का उपयोग करते हुए अपने वाक्य बनाकर लिखिए :

गलाछूटना- पिंड छूटना, मुक्त होना
इस मुहावरे का उपयोग करते हुए अपने वाक्य बनाकर लिखिए :

गीदड़भभकी – मन में डरते हुए भी ऊपर से दिखावटी क्रोध करना
इस मुहावरे का उपयोग करते हुए अपने वाक्य बनाकर लिखिए :

गुड़ गोबर करना –बनाया काम बिगाड़ना
इस मुहावरे का उपयोग करते हुए अपने वाक्य बनाकर लिखिए :

10

मुहावरे - अभ्यास - 6

गुड़ियों का खेल-सहज काम

इस मुहावरे का उपयोग करते हुए अपने वाक्य बनाकर लिखिए :

गुरुघंटाल-बहुत चालाक

इस मुहावरे का उपयोग करते हुए अपने वाक्य बनाकर लिखिए :

गूलर का फूल-दुर्लभ चीज

इस मुहावरे का उपयोग करते हुए अपने वाक्य बनाकर लिखिए :

गतालखाते में जाना –नष्ट होना

इस मुहावरे का उपयोग करते हुए अपने वाक्य बनाकर लिखिए :

गाँठ में बाँधना-खूब याद रखना

इस मुहावरे का उपयोग करते हुए अपने वाक्य बनाकर लिखिए :

गिरगिट की तरह रंग बदलना-एक बात पर न रहना

इस मुहावरे का उपयोग करते हुए अपने वाक्य बनाकर लिखिए :

गागर में सागर भरना –अधिक बात थोड़े में कहना

इस मुहावरे का उपयोग करते हुए अपने वाक्य बनाकर लिखिए :

गज भर की छाती होना– उत्साहित होना

इस मुहावरे का उपयोग करते हुए अपने वाक्य बनाकर लिखिए :

गड़े मुर्दे उखाड़ना –दबी हुई बात फिर से उभारना

इस मुहावरे का उपयोग करते हुए अपने वाक्य बनाकर लिखिए :

गाढ़े में पड़ना-संकट में पड़ना

इस मुहावरे का उपयोग करते हुए अपने वाक्य बनाकर लिखिए :

11

मुहावरे - अभ्यास - 7

गोटी लाल होना – लाभ होना

इस मुहावरे का उपयोग करते हुए अपने वाक्य बनाकर लिखिए :

गुदड़ी का लाल-गरीब के घर गुणवान का होना

इस मुहावरे का उपयोग करते हुए अपने वाक्य बनाकर लिखिए :

गुल खिलना-विचित्र घटना होना, बखेड़ा होना

इस मुहावरे का उपयोग करते हुए अपने वाक्य बनाकर लिखिए :

गुस्सा पीना-क्रोध सहकर रह जाना

इस मुहावरे का उपयोग करते हुए अपने वाक्य बनाकर लिखिए :

गढा खोदना-हानि पहुँचाने का उपाय करना

इस मुहावरे का उपयोग करते हुए अपने वाक्य बनाकर लिखिए :

गूलर का कीड़ा-सीमित दायरे में भटकना

इस मुहावरे का उपयोग करते हुए अपने वाक्य बनाकर लिखिए :

घर का उजाला-कुलदीपक

इस मुहावरे का उपयोग करते हुए अपने वाक्य बनाकर लिखिए :

घर बसना –घर में पत्नी का आना

इस मुहावरे का उपयोग करते हुए अपने वाक्य बनाकर लिखिए :

घर का मर्द- बाहर डरपोक

इस मुहावरे का उपयोग करते हुए अपने वाक्य बनाकर लिखिए :

घर का न घाट का –निकम्मा, कहीं का न रहना

इस मुहावरे का उपयोग करते हुए अपने वाक्य बनाकर लिखिए :

12

मुहावरे - अभ्यास - 8

घर का आदमी –कुटुम्ब, इष्ट मित्र
इस मुहावरे का उपयोग करते हुए अपने वाक्य बनाकर लिखिए :

घात पर चढ़ना-तत्पर रहना
इस मुहावरे का उपयोग करते हुए अपने वाक्य बनाकर लिखिए :

घी के दिये जलाना-मनोरथ पूर्ण होना, आनन्द -मंगल होना
इस मुहावरे का उपयोग करते हुए अपने वाक्य बनाकर लिखिए :

घाव पर नमक छिड़कना-दुःखित को और दुःख देना
इस मुहावरे का उपयोग करते हुए अपने वाक्य बनाकर लिखिए :

घात लगाना—मौके की तलाश में रहना

इस मुहावरे का उपयोग करते हुए अपने वाक्य बनाकर लिखिए :

घास खोदना –व्यर्थ काम करना

इस मुहावरे का उपयोग करते हुए अपने वाक्य बनाकर लिखिए :

घाव हरा होना – भूले हुए दुःख को याद करना

इस मुहावरे का उपयोग करते हुए अपने वाक्य बनाकर लिखिए :

घाट-घाट का पानी पीना –अच्छे-बुरे अनुभव रखना

इस मुहावरे का उपयोग करते हुए अपने वाक्य बनाकर लिखिए :

घोड़े बेचकर सोना -बेफिक्र होकर सोना

इस मुहावरे का उपयोग करते हुए अपने वाक्य बनाकर लिखिए :

चलता पुर्जा –काफी चालाक

इस मुहावरे का उपयोग करते हुए अपने वाक्य बनाकर लिखिए :

13

मुहावरे - अभ्यास - 9

चाँद का टुकड़ा-बहुत सुन्दर
घोड़े बेचकर सोना -बेफिक्र होकर सोना
इस मुहावरे का उपयोग करते हुए अपने वाक्य बनाकर लिखिए :

चाँद पर यूकना –किसी बड़े पुरुष को कलंक लगाना
घोड़े बेचकर सोना -बेफिक्र होकर सोना
इस मुहावरे का उपयोग करते हुए अपने वाक्य बनाकर लिखिए :

चार चाँद लगाना-चौगुनी शीभा या इज्जत होता
घोड़े बेचकर सोना -बेफिक्र होकर सोना
इस मुहावरे का उपयोग करते हुए अपने वाक्य बनाकर लिखिए :

चल निकलना-प्रगति करना ,बढ़ना
घोड़े बेचकर सोना -बेफिक्र होकर सोना
इस मुहावरे का उपयोग करते हुए अपने वाक्य बनाकर लिखिए :

चिकने घड़े पर पानी पड़ना- उपदेश का कोई प्रभाव न पड़ना।

घोड़े बेचकर सोना -बेफिक्र होकर सोना

इस मुहावरे का उपयोग करते हुए अपने वाक्य बनाकर लिखिए :

चोली-दामन का साथ-काफी घनिष्ठता

घोड़े बेचकर सोना -बेफिक्र होकर सोना

इस मुहावरे का उपयोग करते हुए अपने वाक्य बनाकर लिखिए :

चुनौती देना –ललकारना

घोड़े बेचकर सोना -बेफिक्र होकर सोना

इस मुहावरे का उपयोग करते हुए अपने वाक्य बनाकर लिखिए :

चुल्लू भर पानी में डूब मरना –अत्यन्त लज्जित होना

घोड़े बेचकर सोना -बेफिक्र होकर सोना

इस मुहावरे का उपयोग करते हुए अपने वाक्य बनाकर लिखिए :

चैन की वंशी बजाना-सुख से समय बिताना

घोड़े बेचकर सोना -बेफिक्र होकर सोना

इस मुहावरे का उपयोग करते हुए अपने वाक्य बनाकर लिखिए :

चोटी का पसीना एॅड़ी तक बहना –खूब परिश्रम करना

घोड़े बेचकर सोना -बेफिक्र होकर सोना

इस मुहावरे का उपयोग करते हुए अपने वाक्य बनाकर लिखिए :

14

मुहावरे - अभ्यास - 10

चण्डूखाने की गप- झूठी गप

इस मुहावरे का उपयोग करते हुए अपने वाक्य बनाकर लिखिए :

चार दिन की चाँदनी- क्षणिक सुख

इस मुहावरे का उपयोग करते हुए अपने वाक्य बनाकर लिखिए :

चम्पत हो जाना—भाग जाना

इस मुहावरे का उपयोग करते हुए अपने वाक्य बनाकर लिखिए :

चींटी के पर जमना- ऐसा काम करना जिससे हानि या मृत्यु हो

इस मुहावरे का उपयोग करते हुए अपने वाक्य बनाकर लिखिए :

चकमा देना- धोखा देना

इस मुहावरे का उपयोग करते हुए अपने वाक्य बनाकर लिखिए :

चाचा बनाना–दण्ड देना

इस मुहावरे का उपयोग करते हुए अपने वाक्य बनाकर लिखिए :

चरबी छाना–घमण्ड होना

इस मुहावरे का उपयोग करते हुए अपने वाक्य बनाकर लिखिए :

चाँदी काटना-आनन्द से जीवन बिताना

इस मुहावरे का उपयोग करते हुए अपने वाक्य बनाकर लिखिए :

चाँदी का जूता– रुपये का जोर

इस मुहावरे का उपयोग करते हुए अपने वाक्य बनाकर लिखिए :

चूड़ियाँ पहनना—स्त्री की-सी असमर्थता प्रकट करना

इस मुहावरे का उपयोग करते हुए अपने वाक्य बनाकर लिखिए :

15

मुहावरे - अभ्यास - 11

छक्के छुड़ाना– खूब परेशान करना

इस मुहावरे का उपयोग करते हुए अपने वाक्य बनाकर लिखिए :

छठी का दूध याद करना– सुख भूल जाना

इस मुहावरे का उपयोग करते हुए अपने वाक्य बनाकर लिखिए :

छाती पर मूँग या कोदो दलना- कष्ट देना

इस मुहावरे का उपयोग करते हुए अपने वाक्य बनाकर लिखिए :

छः पाँच करना-आनाकानी करना

इस मुहावरे का उपयोग करते हुए अपने वाक्य बनाकर लिखिए :

छप्पर फाड़कर देना– बिना परिश्रम के देना, अनायास देना

इस मुहावरे का उपयोग करते हुए अपने वाक्य बनाकर लिखिए :

छाती पर साँप लोटना-किसी के प्रति डाह

इस मुहावरे का उपयोग करते हुए अपने वाक्य बनाकर लिखिए :

छोटी मुँह बड़ी बात- योग्यता से बढ़कर बोलना

इस मुहावरे का उपयोग करते हुए अपने वाक्य बनाकर लिखिए :

छाती पर पत्थर रखना- असह्य दुःख को दिल में ही दबा लेना

इस मुहावरे का उपयोग करते हुए अपने वाक्य बनाकर लिखिए :

जड़ उखाड़ना – पूर्ण नाश करना

इस मुहावरे का उपयोग करते हुए अपने वाक्य बनाकर लिखिए :

जंगल में मंगल करना –शुन्य स्थान आनन्दमय कर देना

इस मुहावरे का उपयोग करते हुए अपने वाक्य बनाकर लिखिए :

16

मुहावरे - अभ्यास - 12

जबान में लगाम न होना –बिना सोचे समझे बोलना

इस मुहावरे का उपयोग करते हुए अपने वाक्य बनाकर लिखिए :

जी का जंजाल होना –अच्छा न लगना

इस मुहावरे का उपयोग करते हुए अपने वाक्य बनाकर लिखिए :

जमीन का पैरों तले से निकल जाना –सन्नाटे में आना

इस मुहावरे का उपयोग करते हुए अपने वाक्य बनाकर लिखिए :

जमीन चूमने लगा –धराशायी होना

इस मुहावरे का उपयोग करते हुए अपने वाक्य बनाकर लिखिए :

जान खाना –तंग करना

इस मुहावरे का उपयोग करते हुए अपने वाक्य बनाकर लिखिए :

जी टूटना –दिल टूटना

इस मुहावरे का उपयोग करते हुए अपने वाक्य बनाकर लिखिए :

जी लगना –मन लगना

इस मुहावरे का उपयोग करते हुए अपने वाक्य बनाकर लिखिए :

जी खट्टा होना – खराब अनुभव होना

इस मुहावरे का उपयोग करते हुए अपने वाक्य बनाकर लिखिए :

जलती आग में तेल डालना-झगड़ा बढ़ाना

इस मुहावरे का उपयोग करते हुए अपने वाक्य बनाकर लिखिए :

जहर उगलना –चुभनेवाली बात कहना

इस मुहावरे का उपयोग करते हुए अपने वाक्य बनाकर लिखिए :

जमीन आसमान एक करना – बहुत उपाय करना

इस मुहावरे का उपयोग करते हुए अपने वाक्य बनाकर लिखिए :

जी चुराना –कोशिश न करना

इस मुहावरे का उपयोग करते हुए अपने वाक्य बनाकर लिखिए :

जान पर खेलना –प्राण संकट में डालना

इस मुहावरे का उपयोग करते हुए अपने वाक्य बनाकर लिखिए :

अन्य भाषाओं से लिए गए मुहावरे

(क) संस्कृत से - अद्र्धचन्द्राकार लेकर निकालना : अद्र्धचन्द्र दत्वा निस्सारिता (पंचतंत्र)। जले पर नमक छिड़कना : क्षते क्षारमिवासह्यम्। (भवभूति)

(ख) फारसी और उर्दू से - एक जान दो काबिल, काफूर हो जाना, कारूं का खजाना, कैफियत तलब करना, शीरो-शकर होना।

(ग) अंग्रेजी से - ताश के महल की तरह ढह जाना : *fall or collapse like a house of card;* घोड़े के आगे गाड़ी रखना : *put the cart before the horse;* मूर्खों का स्वर्ग : *fool's paradise।*

अनेक मुहावरे किसी-न-किसी के अनुभव पर आधारित होते हैं। अतएव यदि उनमें किसी प्रकार का परिवर्तन या उलटफेर किया जाता है तो उनका अनुभव-तत्व नष्ट हो जाता है। उदाहरणार्थ, 'पानी जाना' एक मुहावरा है, इसके बदले में हम 'जल-जल होना' नहीं कह सकते। ऐसे ही 'गधे को बाप बनाना' की जगह पर 'बैल को बाप बनाना' और 'मटरगश्ती करना' की जगह पर 'गेहूँगश्ती' या 'चनागश्ती' नहीं कहा जा सकता है।

Source: https://hi.wikipedia.org

www.ingramcontent.com/pod-product-compliance
Lightning Source LLC
Chambersburg PA
CBHW071312130726
47997CB00007B/2516